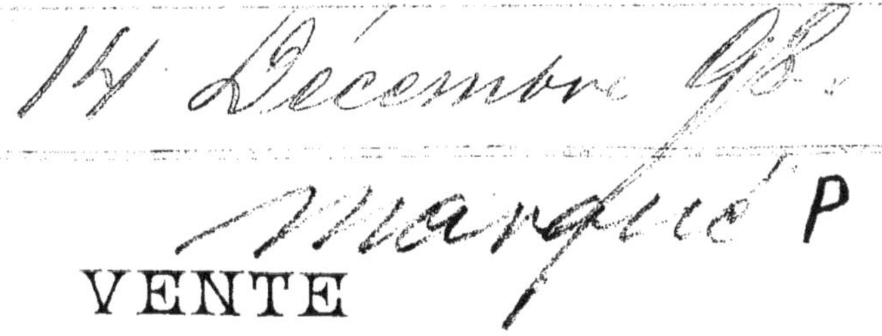

VENTE

HOTEL DROUOT — SALLE N° 7

Les Mercredi 14 et Jeudi 15 Décembre 1898

A DEUX HEURES UN QUART

COLLECTION DE Mme A...

BELLE

ARGENTERIE ANCIENNE

ET MODERNE

Française, Anglaise, Hollandaise, etc.

OBJETS DE VITRINE, ÉVENTAILS

JOLIES DENTELLES

Guipures et Broderies anciennes

Me G. DUCHESNE	M. A. BLOCHE
COMMISSAIRE-PRISEUR	EXPERT PRÈS LA COUR D'APPEL
Rue de Hanovre, 6	Rue de Châteaudun, 28

CHEZ LESQUELS SE DISTRIBUE LE PRÉSENT CATALOGUE

EXPOSITION PUBLIQUE

Le Mardi 13 Décembre 1898, de 2 heures à 6 heures

IMPRIMERIE MAULDE ET RENOU

MAULDE, DOUMENC & Cie

IMPRIMEURS DE LA COMPAGNIE DES COMMISSAIRES-PRISEURS

Rue de Rivoli, 144. — Paris

Collection de Mme A...

CATALOGUE

DE

BELLE

ARGENTERIE ANCIENNE

ET MODERNE

Française, Anglaise, Hollandaise, etc.

SURTOUT DE TABLE, FLAMBEAUX
SOUPIÈRES, ÉCUELLES, CAFETIÈRES, THÉIÈRES, SUCRIERS
PIÈCES DE FORME ET DE SERVICE
PLATS, AIGUIÈRES, CORBEILLES, VIDRECOMES

Objets de Vitrine, Éventails

JOLIES DENTELLES

GUIPURES ET BRODERIES ANCIENNES

Point de Venise à la rose, d'Angleterre
Alençon, Milan, Argentan
Bruges, Malines, Valenciennes et Chantilly, Filet brodé

DONT LA VENTE AURA LIEU

HOTEL DROUOT — SALLE N° 7

Les Mercredi 14 et Jeudi 15 Décembre 1898

A DEUX HEURES UN QUART

Me G. DUCHESNE	**M. A. BLOCHE**
COMMISSAIRE-PRISEUR	EXPERT PRÈS LA COUR D'APPEL
Rue de Hanovre, 6	Rue de Châteaudun, 28

CHEZ LESQUELS ON TROUVE LE PRÉSENT CATALOGUE

EXPOSITION PUBLIQUE

Le Mardi 13 Décembre 1898, de 2 heures à 6 heures

CONDITIONS DE LA VENTE

Elle sera faite au comptant.

Les acquéreurs paieront CINQ CENTIMES PAR FRANC, en sus des enchères.

Aucune réclamation ne sera admise une fois l'adjudication prononcée

ORDRE DES VACATIONS

Le Mercredi 14 Décembre 1898

ARGENTERIE

Le Jeudi 15 Décembre

OBJETS DE VITRINE, ÉVENTAILS, DENTELLES, GUIPURES BRODERIES

MAULDE, DOUMENC et Cie, imp. de la Cie des Commissaires-Priseurs, rue de Rivoli, 144. 600—77948

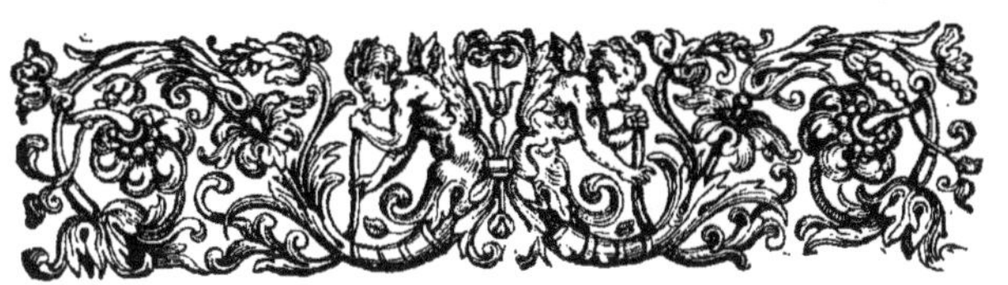

DÉSIGNATION

ARGENTERIE FRANÇAISE ANCIENNE

1 — Très joli Sucrier Louis XVI à quatre pieds à griffes, le bas à godrons avec panse renflée, ornée de guirlandes et d'écussons repoussés. Au poinçon des fermiers généraux.

2 — Grande Jardinière en argent repoussé, décoré sur la panse de groupes d'amour, d'après CLODION. XVIIIe siècle.

3 — Cafetière sur trois pieds à griffes de lion, la panse évasée est ornée d'un perlé avec guirlandes de fruits et mufles de lion; bec à tête d'aigle. Époque Louis XVI.

4 — Soupière en argent à couvercle. Époque Empire.

5 — Paire de Flambeaux en argent, montant en en forme de gaine surmontée de coquilles, pied à cannelures tournantes sur socle de forme contournée. Époque Régence.

6 — Paire de beaux Flambeaux en argent gravé de feuillages et guirlandes de fleurs. Poinçon des fermiers généraux, 1726-1732.

7 — Deux Flambeaux en argent, tige en forme de gaine, pieds à décor tournant sur base ornementée. Époque Louis XIV.

8 — Paire de Flambeaux en argent, ornement à coquille, pied à filets contournés. XVIIIe siècle.

9 — Petit Sucrier Louis XVI à couvercle, panse renflée et piédouche, orné de guirlandes de laurier détachées et ciselées avec cartels et ornements, le couvercle et le pied ornés d'un tour en strass serti dans la matière. Pièce très curieuse au poinçon des fermiers généraux.

10 — Très joli Sucrier à couvercle en argent sur pieds de biches, forme de vase, le bas à godrons, la panse décorée de guirlandes de fleurs suspendues à des têtes de béliers et contournant des écussons. XVIIIe siècle.

11 — Cafetière en argent de forme ovoïde, sur

trois pieds de biche, goulot à tête de bélier. Époque Empire.

12 — Deux Pots à confiture ou crême en argent sur plateau adhérent, décor à festons, rubans et ceps de vigne. XVIIIe siècle. Poinçon des fermiers généraux.

13 — Petite Verseuse en argent, offrant, en repoussé, des enfants à cheval sur des dauphins se jouant au milieu des flots, le col à ornements et macarons, bec à tête d'homme, elle porte sur trois pieds à coquilles. XVIIIe siècle.

14 — Paire de petits Flambeaux en argent uni Louis XIII.

15 — Petit Moutardier en argent, décor à figures de femmes japonaises. Fin XVIIIe siècle.

16 — Écritoire sur plateau adhérent de forme contournée, à ornements de feuillages, avec boîte à poudre et petit flambeau. XVIIIe siècle.

17 — Petite Verseuse en argent, sur trois pieds, décorée sur la panse de guirlandes de fleurs et de carquois, bec à cannelures, couvercle à rosaces. Époque Louis XVI.

18 — Petite Verseuse en argent, bordure à perlé. XVIIIe siècle.

19 — Plat creux en argent à godrons. XVIIIe siècle.

20 — Petite Cafetière en argent gravé. XVIIIe siècle.

21 — Un petit Pot à crême en argent sur trois pieds à griffes. Époque Ier Empire.

22 — Petite Chocolatière et couvercle en argent gravé et repoussé à décor d'oiseaux et d'écussons à sujets champêtres. XVIIIe siècle.

23 — Douze Couteaux à fruits, manches en bois, lames et viroles en vermeil. Époque Empire.

24 — Douze Couteaux à fruits, manches en nacre, lames et viroles en vermeil. Époque de la Restauration.

25 — Six Couteaux à fruits, manches en nacre, lames et viroles en vermeil. Époque de la Restauration.

ARGENTERIE ANGLAISE ANCIENNE

26 — Corbeille à pain en argent, le fond repoussé, décor de bouquets de fleurs; ornée d'épis sur les bords. Époque de George III (1760).

27 — Sucrier en argent sur piédouche, panse godronnée, bord évasé et ajouré, fond doré. XVIIIe siècle.

28 — Coupe à deux compartiments en argent gravé, bordure ciselée à enroulements, pied ajouré. XVIIIᵉ siècle.

29 — Deux très jolies Saucières sur trois pieds à griffes en argent repoussé et ciselé. Travail de S. WINTEL. Époque de George II. (1746).

30 — Très jolie Boîte à thé octogonale en argent repoussé, décor à écussons, rocailles et motifs de fleurs enguirlandées. Époque de George III. (1796).

31 — Deux Sucriers ovales avec couvercles, à filets et à deux anses. Époque de George III. (1799).

32 — Plateau en argent à quatre pieds à contours. Époque de George III. (1814).

33 — Plat à soufflé avec couvercle, bord à godrons avec armes et chiffres en relief sur le couvercle. Epoque de George III. (1816).

34 — Deux Salières dites bateaux, en argent gravé, fonds en verre bleu. XVIIIᵉ siècle.

35 — Paire de Flambeaux en argent uni, pieds coquillés. XVIIIᵉ siècle.

36 — Grand Sucrier et Pot à crême, en argent, à godrons, décor à palmes et rinceaux sur pieds à griffes. Dublin 1814.

37 — Poivrier forme de balustre en argent. Époque de George III (1807).

38 — Petite Chope à anse, en argent repoussé et gravé à bouquets de fleurs. Époque de George III (1767).

39 — Deux Coquilles Saint Jacques, en argent. Époque XVIIIe siècle.

40 — Trois Coquilles Saint Jacques, en argent. Époque de George II. XVIIIe siècle.

41 — Poudrière. forme d'œuf en argent, à filets. Époque George III. (1807).

42 — Beau Vidrecome en argent, décoré au pourtour de trente-sept pièces de monnaies anglaises portant des dates de 1066 à 1837. Travail moderne. (Chaque règne est représenté par une pièce de monnaie).

43 — Deux Salières en argent repoussé et gravé, pieds à serres d'aigle, décor à fleurs. Époque de Georges IV (1824).

44 — Portoir de ménagère en argent, fond en bois, décor à godrons. Époque de George III (1813).

45 — Deux Cuillères à compote en argent repoussé et ciselé. Époque de George III (1767).

46 — Tankard à deux anses sur piédouche, en argent repoussé à écusson et guirlandes de fruits. Travail irlandais fin du XVIIIe siècle.

47 — Tankard en argent gravé, décor à guirlandes et ornements. Époque de George III (1802).

48 — Petite Ménagère à trois flacons en argent (1810).

49 — Théière en argent, décor à godrons. Époque de George III (1813).

50 — Pot à crême tout en vermeil uni. (1825).

51 — Quatre Cuillères à sel en argent ciselé. Epoque de Georges IV (1823).

52 — Deux jolies Salières en argent repoussé et ciselé, décor à feuilles d'acanthe et tors de laurier, bordure à godrons, anses feuillagées avec leurs pelles. Epoque de Georges IV (1829).

53 — Sucrier en argent repercé et gravé à couvercle et à pied (1842).

54 — Quatre Dessous de carafes en argent (1849).

ARGENTERIE FRANÇAISE MODERNE

55 — Ecuelle avec couvercle et plateau en argent guilloché, ornements gravés à guirlandes de perles et rosace.

56 — Service à thé et café, en argent repoussé, intérieur en vermeil, décor à branches de fleurs et insectes, composé d'un Plateau, d'une Théière, d'une Cafetière, d'un Pot à crème et d'un Sucrier.

57 — Service à café composé de Cafetière, Pot à crème et Sucrier en argent, décor à godrons et rocailles. Style Louis XV.

58 — Deux petits Sucriers à couvercle et à anses en argent, décor à rocailles. Travail français style Louis XV.

59 — Jardinière en argent gravé à anses. Style Louis XV.

60 — Ecuelle avec plateau et couvercle en argent, décor à guirlandes de fleurs, couvercle surmonté d'un groupe de coquillages, anses plates à feuillage ciselé à jour. Travail de Lapar.

61 — Service composé d'un Sucrier, Pot à crème,

Cafetière et Théière en argent, parties en vermeil, doré au rouge et gravé. Travail de Jalliffier.

62 — Petit Pot à crème en argent uni. Travail d'Odiot.

63 — Deux petits Bouts de Table en argent ajouré.

64 — Corbeille à pain sur piedouche à anse, en argent gravé et guilloché.

65 — Cafetière en argent, décor en relief à draperies, roseaux et rocailles, le bec et les pieds ornés de mascarons. Style Louis XIV.

66 — Ecuelle à soufflé en argent uni.

67 — Service à thé et à bouillon, composé d'un Plateau, d'une grande Tasse avec Soucoupe et Cuillère, de deux Tasses à thé avec Soucoupes et Cuillères, de deux Verseuses et d'un Sucrier avec Pince à sucre ; argent mat gravé et rehaussé, décor à oiseaux et feuillages.

68 — Légumier avec plateau et couvercle. Forme Louis XV.

69 — Grand Plat à bords contournés, orné de fleurs et feuillages.

70 — Petite Ecuelle à bouillon en argent, avec couvercle et plateau.

71 — Bougeoir en argent ciselé, décor de roseaux, feuillages et rinceaux, avec sujet à personnage : le Cygne et Leda.

72 — Petite Tasse avec soucoupe en argent, gravé fond vermeil.

73 — Bougeoir en argent, anse formée par un perroquet aux ailes éployées.

74 — Six Cuillères à compote en argent doré en partie, le manche à jour avec figures d'apôtres.

75 — Quatre Salières bouts de tables sur trois pieds, à mufles de lions avec armoiries ; intérieurs en vermeil. Travail d'Odiot.

76 — Tasse et Soucoupe en argent gravé, intérieur en vermeil.

77 — Boîte et Lampe à friser en argent guilloché, décor quadrillé, intérieur doré.

78 — Tasse à bouillon en vermeil ciselé, décor de rinceaux et feuillages.

79 — Tasse à anse avec Soucoupe en argent gravé.

80 — Deux petits Bouts-de-Table en argent en

partie doré, avec quatre petites Cuillères, décor gravé à scènes d'enfants. Travail de BOUCHERON.

81 — Quatre Coupes à glace de forme triangulaire avec leurs cuillères, fond de différents tons, décor gravé à personnages japonais. Travail de BOUCHERON.

82 — Douze petits verres à liqueur en argent guilloché, intérieur en vermeil.

83 — Huit Verres à liqueurs en argent guilloché.

84 — Gobelet en argent sur piédouche, décoré de feuillages et rinceaux sur fond guilloché et doré.

ARGENTERIE ANGLAISE MODERNE

85 — Service à thé composé d'un grand Plateau rond et deux autres Plateaux plus petits, d'une Théière, d'un Sucrier, d'un Pot à crème, intérieur doré, décor dans le goût indien. Travail de HUNT et ROSKELL.

86 — Important Surtout de table en argent ciselé composé de deux grandes Coupes et de quatre

autres plus petites. Les pieds sont à groupes de personnages et représentent des scènes allégoriques : la chasse, la pêche, la moisson, etc. Travail de Storr et Mortimer.

87 — Six Poivrières, poussins, hiboux et crapauds en argent.

88 — Timbale en vermeil décorée d'une bande gravée de rinceaux feuillagés.

89 — Tête à tête, composé d'une Théière, d'un Sucrier, un Pot à crème et deux Tasses avec soucoupes en wedgwood noir, montés et cerclés d'argent, avec Pince à sucre et deux Cuillers en argent.

90 — Aiguière à vin en cristal taillé à étoiles, monture en argent repoussé et doré, couvercle surmonté d'un lion héraldique.

91 — Canette en cristal, monture en argent, bordure perles.

92 — Deux Aiguières en cristal, monture en argent, bordure à perlés.

93 — Deux Carafons à whisky en verre brun, monture en argent.

94 — Deux Bouteilles en verre bleui, monture cerclée en argent.

95 — Cafetière sur piédouche en argent, couvercle surmonté d'une pomme de pin.

97 — Petite Poivrière, forme de balustre, en argent gravé.

98 — Un Bol en argent à godrons, fond vermeil.

99 — Chocolatière en argent doré.

100 — Petit Pot à crème en argent gravé et repoussé.

101 — Petite Timbale à anse en argent gravé avec médaillons à entourages perlés.

102 — Plat creux ovale à *bacon* en argent avec double fond ajouré, bord perlé.

ARGENTERIE ÉTRANGÈRE

103 — Belle Écuelle Louis XV avec son couvercle et son plateau en argent ciselé et doré à rinceaux feuillagés et palmes, dans un écrin en cuir doré au petit fer.

104 — Corbeille à biscuits en argent ajouré. Travail hollandais.

105 — Petit Pot à crème en argent repoussé et

gravé, à trois pieds. Travail hollandais. XVIIIe siècle.

106 — Plat creux en argent à godrons, bord festonné. Travail allemand. XVIIIe siècle.

107 — Boîte ovale en argent et à couvercle décor repoussé à guirlande de fleurs, le couvercle avec un sujet à personnages, allégorie à l'hyménée. Travail hollandais.

108 — Plateau creux en argent à bordure lobée décoré de bouquets de roses, fond gravé à rinceaux, anses décorées de fleurs. Travail allemand moderne.

109 — Douze Couteaux à manches en argent, à figures de lions héraldiques. Travail allemand.

110 — Quarante-six Boutons anciens en argent, décor à personnages.

111 — Boîte à tabac en argent niellé. Travail russe.

112 — Vidrecome en argent, décor en relief à personnages et cavaliers. Travail américain moderne.

113 — Grand Verre en cristal à côtes, dans un porte-verre en argent gravé à personnages. Travail russe.

OBJETS DE VITRINE

114 — Boîte à mouches, en ivoire, dessus à médaillons sous verre, à rehauts d'or en réserve; monture or. Époque Louis XVI.

115 — Bonbonnière ronde en cristal taillé, monture argent doré.

116 — Joli Cachet forme lyre en or de couleur, fond émaillé enrichi de roses. Époque Louis XVI.

117 — Chaîne de gousset en or avec clef et cachet à musique. XVIIIe siècle.

118 — Châtelaine en cuivre avec breloque forme album, clef et cachet, accompagnée d'une montre gravée, ornée d'un émail, portrait de femme enrichi de jargons. Cadran signé AGERON. Époque Louis XVI.

119 — Flacon à odeur, forme poisson, en argent gravé, avec yeux en grenat.

120 — Grosse Montre en or émaillé, entourée de demi-perles. Époque fin Louis XVI.

121 — Montre en cuivre avec émail, portrait de

femme, enrichie de jargons et de strass. Époque Louis XVI.

122 — Montre en or de couleur, enrichie de turquoises et de grenats. Époque Charles X.

123 — Bonbonnière en écaille blonde piquée d'or, à semis d'étoiles, monture or. Époque Louis XVI.

124 — Deux grandes Boucles en cailloux du Rhin, montures or et argent. Époque Louis XVI.

125 — Trousse de yachtwoman avec nécessaire, bourse, sifflet, carnet et cassolette en argent.

126 — Étui en ancienne porcelaine de Saxe, décor à fleurs et truité rouge, monture argent doré.

127 — Collier en or à maillons. Epoque Charles X.

128 — Deux Dés en or ciselé et guilloché dans leurs écrins en galuchat vert.

129 — Flissah oriental avec poignée et fourreau en argent repoussé. Travail ancien.

130 — Hochet en argent doré, manche en nacre.

131 — Petit Tableau sur cuivre : Scène champêtre, dans le genre de Lebel.

132 — Tasse en porcelaine de Vienne décorée d'un sujet: *Renaud et Armide;* ornements dorés sur fond vert et rouge, avec sa soucoupe.

ÉVENTAILS

133 — Bel Éventail en écaille blonde et point à l'aiguille, dessin à guirlandes et draperies.

134 — Eventail en nacre sculpté avec feuille en Chantilly à petits personnages.

135 — Éventail en écaille brune, feuille en Chantilly à sujets allégoriques.

136 — Bel Éventail en nacre avec feuille représentant des allégories aux saisons, par Célestin Nanteuil.

137 — Éventail XVIIIe siècle en ivoire peint, avec feuille allégorique aux Travaux champêtres.

138 — Éventail en ivoire peint avec feuille allégorique à la Moisson et au Repos champêtre. XVIIIe siècle.

139 — Éventail en ivoire peint et sculpté à jour, à figures et ornements, feuille à sujets mythologiques. Epoque Louis XV.

140 — Petit Éventail en argent doré, feuille à double face allégorique aux Joies paternelles.

141 — Éventail en écaille fondue, feuille représentant le Char d'Amour.

DENTELLES, GUIPURES, BRODERIES

142 — Très beau Col en ancien point de Venise, dessin en relief, point à la Rose.

143 — Joli Col en ancien point de Venise, point à la Rose.

144 — Col en ancien point plat de Venise.

145 — Col en ancienne dentelle de Venise, dessin en relief.

146 — Belle Nappe composée de carrés en anciens points de Venise et de Milan, doublée en soie bleue.

147 — Jolie Nappe en toile brodée, ornements ajourés en ancienne guipure de Venise, bordure dentelée en ancienne guipure italienne.

148 — Nappe en toile et petits carrés en vieille guipure de Venise, encadrement en ancien filet.

149 — Bandeau en ancienne guipure de Venise, dessin à rosaces.

150 — Joli Carré en ancienne guipure de Venise, dessin à branches fleuries.

151 — Joli Carré analogue au précédent.

152 — Coupe en vieux point d'Alençon. Longueur 3^{m},55; haut. 0^{m},13.

153 — Quatre Coupes et un Morceau en vieux point d'Alençon. Long. 7^{m},60.

154 — Trois Coupes et huit Morceaux en vieux point d'Alençon, mesurant ensemble 7^{m},95.

155 — Coupe en vieux point d'Alençon. Longueur 1^{m},35.

156 — Coupe, sept Morceaux et deux Garnitures de manches en vieux point d'Alençon. Long. totale 6^{m},40.

157 — Beau Volant en ancien point d'Angleterre. Long. 2^{m},85; haut. 0^{m},35.

158 — Devant de Robe en vieux point d'Angleterre. Larg. dans le haut 0^{m},90; haut. 1^{m},20.

159 — Volant en ancien point d'Angleterre en deux coupes. Long. 5^{m},10; haut. 0^{m},27.

160 — Grande Pointe en vieux point d'Angleterre.

161 — Grand Col en application d'Angleterre. Travail ancien.

162 — Écharpe en vieux point d'Angleterre. Long. 2m,90; haut. 0m,36.

163 — Col et Barbe en vieux point d'Angleterre.

164 — Deux Coupes en vieux point d'Angleterre. Long. 1m environ ; haut. 0m,14.

165 — Barbe en vieux point d'Angleterre.

166 — Grand et beau Volant en vieux point de Milan. Long. 2m,80 ; haut. 1m.

167 — Une Coupe et un Morceau à bordure dentelée, deux Coupes et un Morceau à bordure droite en vieux point de Milan. Long. totale 6m,75 ; haut. 0m,11.

168 — Volant en vieux point de Milan. Long. 3m,80 ; haut. 0m,15.

169 — Col en ancien point de Milan, dessins à rinceaux, fleurs et feuillages.

170 — Coupe en ancienne dentelle de Malines. Long. 3m,20.

171 — Coupe en même dentelle. Long. 2m,05.

172 — Coupe en ancienne dentelle de Malines. Long. 4^{m},83.

173 — Six Coupes et neuf Morceaux en anciennes dentelles de Malines, mesurant ensemble 16^{m},30.

174 — Quatre Coupes dentelles de Malines, mesurant ensemble 11^{m},85.

175 — Six Coupes en même dentelle, mesurant ensemble 15^{m},20.

176 — Quatre Coupes et quatre Morceaux en dentelles de Malines, mesurant ensemble 10^{m},25.

177 — Coupe en ancienne dentelle de Bruges. Long. 2^{m},55 ; haut. 0^{m},16 ; et deux Morceaux en même dentelle, mesurant ensemble 1^{m},50 ; haut. 0^{m},09.

178 — Coupe en ancienne dentelle de Bruges. Long. 1^{m},30.

179 — Coupe, Barbe et Garniture de manches et de col en point d'Argentan ancien. Long. de la coupe 2^{m},15.

180 — Fichu en tulle garni en ancien point d'Argentan.

181 — Mouchoir garni en point à l'aiguille.

132 — Fichu en tulle garni en point à l'aiguille.

183 — Joli Mouchoir tout en ancienne broderie, garni de Valenciennes.

184 — Cinq Coupes de Valenciènnes, mesurant ensemble $17^{m},20$.

185 — Deüx Coupes de Valenciennes, mesurant ensemble $7^{m},85$.

186 — Cinq Coupes et quatre Morceaux de Valenciennes. Ensemble $15^{m},60$.

187 — Dessus de Pelote en broderie garni de Valenciennes.

188 — Deux Mouchoirs brodés garnis de Valenciennes.

189 — Sept Coupes et deux Bouts en Valenciennes, mesurant ensemble $19^{m},20$, plus une Barbe.

190 — Deux Coupes en application mesurant : Long. $8^{m},35$; Haut. $0^{m},11$. — Petite Coupe en application, Long. $1^{m},75$; haut. $0^{m},09$.

191 — Mouchoir en ancienne broderie garni en dentelle.

192 — Deux Fichus en mousseline garnis de dentelle de Malines.

193 — Grand Fichu en mousseline garni de Valenciennes

194 — Volant en ancienne guipure italienne.
Long. $3^{m},70$; haut. $0^{m},15$.

195 — Nappe d'autel en ancienne guipure et carrés en filet, à figures de Saints et emblèmes religieux.

196 — Nappe en toile avec entre-deux en guipure et encadrement en ancien filet.

197 — Petit Carré en guipure italienne.

198 — Beau Dessus de lit en ancien filet brodé, offrant au centre une rosace, dessin à rinceaux, figures et animaux, encadrement à animaux, bordure dentelée.

199 — Joli Tapis de table, formé de carrés en filet et guipure de Venise, bordure dentelée. Travail ancien.

200 — Beau Dessus d'édredon, en ancien filet, le milieu formé de carrés à sujets religieux.

201 — Beau Dessus de lit en ancien filet, dessin à vases fleuries et chimères, bordure dentelée.

202 — Bandeau en ancien filet et entre-deux en toile brodée.

203 — Dessus de Lit en ancien filet avec entre-deux en toile.

204 — Dessus de Lit formé de carrés en ancien filet et en toile ajourée, encadrement en filet.

205 — Bandeau en filet et entre-deux en toile, bordure à franges.

206 — Nappe formée de trois bandes en toile rouge et deux entre-deux en filet ancien, encadrement en filet, dessin à personnages et animaux, entre-deux en soie, bordure en guipure.

207 — Petite Nappe en toile avec entre-deux, carrés et bordure en ancien filet.

208 — Dessus de Table en ancien filet brodé.

209 — Petit Dessus de Lit en filet ancien et entre-deux en toile.

210 — Dessus de Lit en filet ancien.

211 — Belle Nappe formée de carrés en filet et entre-deux en filet et toile ajourée.

212 — Bandeau en ancien filet, dessin à figures d'Apôtres, bordure dentelée.

213 — Petit Dessus de Lit formé de carrés en filet brodé et guipure de Venise.

214 — Beau Volant en dentelle de Chantilly. Long. 9^{m},20; Haut. 0^{m},37.

215 — Beau Volant en Chantilly. Long. 12^{m},20; haut. 0^{m},36.

216 — Jolie Écharpe en Chantilly.

217 — Deux belles et grandes Pointes en Chantilly.

218 — Fichu en Chantilly.

219 — Trois Morceaux en tulle brodé. Travail espagnol.

220 — Dessus de Meuble en guipure espagnole.

221 — Deux Nappes en toile, brodée en rouge, bordure dentelée.

www.ingramcontent.com/pod-product-compliance
Ingram Content Group UK Ltd.
Pitfield, Milton Keynes, MK11 3LW, UK
UKHW021030260726
13994UKWH00005B/2064